पचरंगी

(बाल नाटक)

वाणी प्रकाशन
21-ए, दरियागंज, नयी दिल्ली-110002
फोन : 011-23273167, 23275710
फैक्स : 011-23275710
e-mail : vaniprakashan@gmail.com
website : www. vaniprakashan.com

पचरंगी

हबीब तनवीर

वाणी प्रकाशन

वाणी प्रकाशन
4695, 21-ए, दरियागंज, नयी दिल्ली 110 002

शाखा

अशोक राजपथ, पटना 800 004

फ़ोन: +91 11 23273167 फ़ैक्स: +91 11 23275710

www.vaniprakashan.in
vaniprakashan@gmail.com

PACHRANGI
by Habib Tanvir

ISBN : 81-8143-254-1
Play

प्रथम संस्करण 2008
आवृत्ति संस्करण 2015

मूल्य : ₹ 175

हर्ष प्रिंटर्स, दिल्ली-110 093 में मुद्रित

वाणी प्रकाशन का लोगो मक़बूल फ़िदा हुसेन की कूची से

अनुक्रम

कारतूस

(बच्चों का नाटक, वज़ीर अली माज़ूल शाहे अवध पर)

पात्र

1. कर्नल
2. लेफ्टिनेंट
3. सिपाही (गोरा)
4. सवार

समय : 1799 रात

दृश्य : लड़ाई का खेमा

(गोरखपुर के जंगल में कर्नल कॉलिंस के खेमे का अंदरूनी हिस्सा, कर्नल एक अंग्रेज़ लेफ्टिनेंट के साथ बैठे बातें कर रहा है। खेमे के बाहर चाँदनी चिटकी हुई है। अंदर लैंप जल रहा है)

कर्नल : जंगल की ज़िंदगी बड़ी ख़तरनाक होती है।

लेफ्टिनेंट : हफ़्तों हो गए यहाँ खेमा डाले हुए, सिपाही भी तंग आ गए हैं। ये वज़ीर अली आदमी है या भूत, हाथ ही नहीं लगता।

कर्नल : उसके अफ़साने सुनकर रॉबिनहुड के कारनामे याद आ जाते हैं। अंग्रेज़ों के ख़िलाफ़ उसके दिल में किस क़दर नफ़रत है। कोई पाँच महीने हुकूमत की होगी, मगर इस पाँच महीने में वो अवध के दरबार को अंग्रेज़ी असर से बिल्कुल पाक कर देने में तकरीबन कामयाब हो गया था।

लेफ्टिनेंट : कर्नल कॉलिंस, यह सआदत अली कौन है?

कर्नल : आसिफ़ुद्दौला का भाई है। वज़ीर अली का चचा और उसका दुश्मन। असल में नवाब आसिफ़ुद्दौला के यहाँ लड़के की कोई उम्मीद न थी। वज़ीर अली की पैदायश को सआदत अली ने अपनी मौत ख़याल किया।

लेफ्टिनेंट : मगर सआदत अली को अवध के तख़्त पर बिठाने में क्या मसलिहत थी।

कर्नल : सआदत अली हमारा दोस्त है, और बहुत ऐशपसंद आदमी है। उसने हमें अपनी आधी मुमलिकत दे दी और दस लाख रुपए नकद। अब वह भी मज़े करता है और हम भी।

लेफ्टिनेंट : सुना है यह वज़ीर अली अफ़ग़ानिस्तान के बादशाह शाहज़मा को हिंदुस्तान पर हमला करने की दावत दे रहा है।

कर्नल : जी हाँ, उसकी आज़ादी बहुत ख़तरनाक है। अफ़ग़ानिस्तान को

हमले की दावत सबसे पहले असल में टीपू सुल्तान ने दी, फिर वज़ीर अली ने भी उसे दिल्ली बुलाया और शमसुद्दौला ने भी।

लेफ्टिनेंट : शमसुद्दौला?

कर्नल : हाँ भई! नवाब बंगाल का निसबती भाई। वह आदमी भी है बहुत ख़तरनाक।

लेफ्टिनेंट : इसका तो यह मतलब हुआ कि कंपनी के ख़िलाफ़ सारे हिंदुस्तान में एक लहर दौड़ गई है।

कर्नल : जी हाँ! और अगर यह कामयाब हो गई तो बक्सर और पलासी के कारनामे धरे रह जाएँगे। और कंपनी जो कुछ लॉर्ड क्लाइव के हाथों हासिल कर चुकी है, लॉर्ड वैलाज़िली के हाथों वह सब खो बैठेगी।

लेफ्टिनेंट : वज़ीर अली को आज़ाद छोड़ देना किसी भी हालत में मुनासिब नहीं। हमें किसी न किसी तरह इस शख़्स को गिरफ़्तार कर ही लेना चाहिए।

कर्नल : पूरी एक फ़ौज लिए उसका पीछा कर रहा हूँ मैं। और बरसों से वह हमारी आँखों में धूल डाले इन्हीं जंगलों में फिर रहा है और हाथ नहीं आता। उसके साथ चंद जांबाज़ हैं। मुट्ठी भर आदमी, मगर दमदार।

लेफ्टिनेंट : सुना है वज़ीर अली ज़ाती तौर से भी बहुत बहादुर आदमी है।

कर्नल : बहादुर न होता तो यूँ कंपनी के वकील को क़त्ल कर देता?

लेफ्टिनेंट : यह क़त्ल का क्या क़िस्सा हुआ था कर्नल?

कर्नल : क़िस्सा क्या हुआ था, माजूल करने के बाद हमने वज़ीर अली को बनारस पहुँचा दिया और तीन लाख रुपए सालाना वज़ीफा मुकर्रर कर दिया। कुछ महीने बाद गवर्नर जनरल ने उसे कलकत्ते तलब किया। वज़ीर अली कंपनी के वकील के पास गया, जो बनारस में रहता था। और उससे शिकायत की कि गवर्नर जनरल उसे कलकत्ते में क्यूँ तलब करता है। वकील ने शिकायत की परवाह न की, उल्टा उसे बुरा-भला सुना दिया। वज़ीर अली

के दिल में यूँ भी अंग्रेज़ों के ख़िलाफ़ नफरत कूट-कूट कर भरी है। उसने ख़ंजर से वकील का काम तमाम कर दिया।

लेफ्टिनेंट : और भाग गया?

कर्नल : अपने जांनिसारों समेत आजमगढ़ की तरफ भाग गया। आजमगढ़ के हुक्मरां ने उन लोगों को अपनी हिफ़ाज़त में घाघरा तक पहुँचा दिया। अब यह कारवाँ इन जंगलों में कई साल से भटक रहा है।

लेफ्टिनेंट : आख़िर इस वज़ीर अली की स्कीम क्या है?

कर्नल : स्कीम यह है कि किसी तरह नेपाल पहुँच जाए। अफ़गानी हमले का इंतज़ार करे। अपनी ताक़त बढ़ाए। सआदत अली को माज़ूल करके खुद अवध पर क़ब्ज़ा करे। और अंग्रेज़ों को हिंदोस्तान से निकाल दे।

लेफ्टिनेंट : नेपाल पहुँचना तो कोई ऐसा मुश्किल नहीं। मुमकिन है पहुँच गया हो।

कर्नल : उसके सर पर भारी इनाम मुक़र्रर कर दिया गया है। हमारी फ़ौजें और नवाब सआदत अली ख़ाँ के सिपाही बड़ी मुस्तैदी से उसका पीछा कर रहे हैं। हमें अच्छी तरह मालूम है कि वह इन्हीं जंगलों में है। अब उसको पकड़ लेना इतना मुश्किल काम नहीं।

(एक सिपाही तेज़ी से प्रवेश करता है।)

कर्नल : *(उठकर)* क्या बात है?

गोरा : दूर से गर्द उठती दिखाई दे रही है।

कर्नल : सिपाहियों से कह दो कि तैयार रहें। *(सिपाही सलाम करके चला जाता है।)*

लेफ्टिनेंट : *(जो खिड़की से बाहर देखने में मसरूफ था।)* गर्द तो ऐसी उड़ रही है जैसे पूरा एक काफ़िला चला आ रहा हो, मगर मुझे तो एक ही सवार दिखाई देता है।

कर्नल : *(खिड़की के पास जाकर)* हाँ एक ही सवार है। सरपट घोड़ा दौड़ाये चला आ रहा है।

लेफ्टिनेंट : और सीधा हमारी ही तरफ़ आता मालूम होता है।

कर्नल : *(कर्नल ताली बजाकर सिपाही को बुलाता है)*
(सिपाही से) देखो यह सवार जो हमारी तरफ आ रहा है। हो सकता है हमारा ही मुख़बिर हो, फिर भी सिपाहियों से कहो उस पर नज़र रखें। अगर वो हमारी तरफ़ आता है तो उसे आने दिया जाए और अगर किसी और तरफ़ घूम जाता है। तो उसका पीछा करे।
(सिपाही सलाम करके चला जाता है)

लेफ्टिनेंट : शुबे की तो कोई गुंजाइश ही नहीं, तेजी से इसी तरफ़ आ रहा है।

कर्नल : आने दो! देखते हैं।
(टापों की आवाज़ बहुत करीब आकर रुक जाती है।)

सवार : *(बाहर से)* मुझे कर्नल से फौरन मिलना है।

गोरा : *(चिल्लाकर)* बहुत ख़ूब! ज़रा ठहरिए मैं अभी इत्तला देता हूँ।

सवार : *(बाहर से)* शू...आहिस्ता बोलो!

गोरा : *(अंदर आता है)* हुजूर सवार आपसे मिलना चाहता है।

कर्नल : भेज दो। *(गोरा बाहर जाता है)*

लेफ्टिनेंट : वज़ीर अली का ही कोई आदमी होगा। हमसे मिलकर उसे गिरफ्तार करवाना चाहता होगा या फिर शायद सआदत अली ख़ाँ का आदमी हो। इनाम के लालच में हमें ख़बर देने के लिए आया हो।

कर्नल : ख़ामोश रहो! *(सवार सिपाही के साथ अंदर आता है)*

सवार : *(आते ही पुकार उठता है)* मुझे कर्नल के साथ बिल्कुल तन्हाई में बात करना है। बिल्कुल तन्हाई में।

कर्नल : साहब यहाँ कोई गैरआदमी नहीं है। आप राज़ेदिल कह दें।

सवार : दीवार हम गोश दारद! मुझे आपके साथ बिल्कुल तन्हाई चाहिए।
(कर्नल लेफ्टिनेंट और सिपाही को इशारा करता है दोनों बाहर चले जाते हैं। जब कर्नल और सवार खेमे में तन्हा रह जाते हैं तो ज़रा वक़्फे के बाद चारों तरफ़ देखकर सवार कहता है।)

सवार : आपने इस मुकाम पर क्यों खेमा डाला है?

कर्नल : कंपनी का हुक्म है कि वज़ीर अली को गिरफ़्तार किया जाए।

सवार : लेकिन इतना लाओ लश्कर क्या माने?

कर्नल : गिरफ़्तारी में मदद देने के लिए।

सवार : वज़ीर अली की गिरफ़्तारी बहुत मुश्किल है साहब।

कर्नल : क्यों?

सवार : वह एक जांबाज़ सिपाही है।

कर्नल : मैंने भी यही सुन रखा है। आप क्या चाहते हैं?

सवार : उसकी गिरफ़्तारी के लिए बस एक आदमी काफ़ी है।

कर्नल : मतलब?

सवार : मुझे चंद कारतूस इनायत कीजिए।

कर्नल : किसलिए?

सवार : वज़ीर अली को गिरफ़्तार करने के लिए।

कर्नल : *(कुछ सोचने के बाद कारतूस निकालकर देता है)*—यह लो दस कारतूस।

सवार : *(मुस्कुराते हुए)* शुक्रिया।

कर्नल : आपका नाम?

सवार : वज़ीर अली। आपने मुझे कारतूस दिए इसलिए आपकी जां बख़्शी करता हूँ।

(यह कहकर बाहर निकल जाता है, टापों का शोर सुनाई देता है। कर्नल एक सन्नाटे में है। हक्का-बक्का खड़ा है कि लेफ्टिनेंट अंदर आता है।)

लेफ्टिनेंट : कौन था?

कर्नल : *(दबी ज़बान से अपने आप से कहता है)* एक जांबाज़ सिपाही।

(परदा)

चाँदी का चमचा

समय : प्रातःकाल

खेल की अवधि : दस मिनट

स्थान : सड़क के किनारे बंबई शहर का एक तिमंज़िला मकान

काल : वर्तमान

(मंच ऐसा हो मानो एक सड़क है जो दाएँ से बाएँ जाती है। इस सड़क पर चलने वालों के सामने ही एक मकान है जिसकी केवल अगली दीवार और दीवार की अनगिनत खिड़कियाँ दिखाई दे रही हैं। मकान के बीचोंबीच एक बड़ा फाटक है जहाँ से ऊपर जाने को सीढ़ियाँ हैं। इस फाटक के पास ही एक दुकान है जो खुलने पर दीवार से तनिक आगे सड़क तक निकल जाती है। दुकान खुली है, दुकानदार अपने स्थान पर बैठा है। पड़ोसिन दाईं ओर से आती है और मकान के अंदर जाना ही चाहती है कि दुकानदार उससे कहता है)

दुकानदार : मुहल्ले-पड़ोस में एक-दूसरे का बड़ा सहारा रहता है।

पड़ोसिन : मुझसे कुछ कहा?

दुकानदार : मैंने कहा, यह शहर भी अनोखा है।

पड़ोसिन : क्या?

दुकानदार : यह मुहल्ला भी अनोखा है और यह चाल भी बिल्कुल अनोखी है।

पड़ोसिन : और यहाँ के लोग भी अनोखे हैं। बात ऐसी करते हैं कि कुछ भी पल्ले न पड़े।

दुकानदार : परदेस में कहीं अपने शहर का कोई दिख जाए, तो मन प्रसन्न हो जाता है। चाहे अपने शहर में कभी उससे बात भी न की हो, लेकिन देखते ही मन ललक उठता है। और एक यह शहर है—बंबई, कि पड़ोसी तक का ख़्याल नहीं करते।

पड़ोसिन : मुझसे बेकार की बातें मत करो, समझे! मैं क्यों करने

लगी तुम्हारा ख़्याल?

दुकानदार : लोग ख़्याल नहीं करते न सही, लेकिन इसका यह मतलब तो नहीं कि ज़ुल्म करें।

पड़ोसिन : देखो मुझे मज़ाक़ अच्छा नहीं लगता, मैं कहे देती हूँ।

दुकानदार : मुझे भी तो मज़ाक़ अच्छा नहीं लगता।

पड़ोसिन : बदतमीज़।

दुकानदार : बदतमीज़ी का रोना तो मुझे रोना चाहिए।

पड़ोसिन : मुझे गालियाँ दोगे तो....

दुकानदार : मेरी ओर देखिए, मेरे सिर पर रोज़ कूड़ा बरसता है और मैं उफ़ तक नहीं करता।

पड़ोसिन : क्या मतलब?

दुकानदार : यह भी कोई मज़ाक़ है? सुबह-सुबह आदमी नहा-धो दुकान खोल कर बैठे और बैठते ही धूल-मिट्टी में नहा जाए। सारे घर का कूड़ा-करकट मेरे ही सिर पर फेंका जाता है।

पड़ोसिन : मुझे दोष देते हो? मुझे क्या पड़ी है कि रोज़ सुबह तुम्हारे सिर पर कूड़ा फेंकने आऊँ।

दुकानदार : तुम नहीं तो कोई और होगा।

पड़ोसिन : किसी और से मेरा क्या सरोकार? औरतों से बात करने से पहले ज़रा बोलने का ढंग सीख लो।

(मित्र बाईं ओर से भीतर आता है।)

मित्र : क्या बात है भई?

दुकानदार : क्या बताएँ साहब!

पड़ोसिन : बोलने की तमीज़ नहीं, बताएँगे क्या? छेड़छाड़ करते हैं। भलेमानसों को दोष देते हैं, लुच्चे कहीं के।

दुकानदार : क्यों बात का बतंगड़ बनाती हो।

पड़ोसिन : बात का बतंगड़ मैं बना रही हूँ या तुम? आने जाने वालों के नाक में दम कर रखा है। रास्ता चलना मुश्किल हो

गया है। एक मछली सारे तालाब को गंदा कर देती है। बस अब इस मुहल्ले में बहू बेटियों का निबाह नहीं। वाह भई वाह, अच्छा आदमी है।

(कुछ पड़ोसी इकट्ठे हो जाते हैं)

दो-तीन आदमी : क्या बात है? हुआ क्या? झगड़ा काहे का है? आखिर मामला क्या है?

पड़ोसिन : दुकान यहाँ से न हटवा दी तो कहना! क्या समझ रखा है! छठी का दूध याद आ जाएगा।

दुकानदार : इतना बिगड़ती क्यों हो? मैंने तुमसे क्या कहा? मेरा तो सिर्फ़ यह मतलब था कि ज़रा देखतीं कि आख़िर यह करतूत किसकी है और उसे मना करतीं। तुमने तो आसमान सिर पर उठा लिया।

पड़ोसिन : कौन-सी करतूत?

दुकानदार : अरे भई यह कौन मेरे सिर पर कूड़ा फेंक देता है। उसे ज़रा आप रोकतीं।

पड़ोसिन : तुम्हारी नौकर हूँ?

दुकानदार : भई तुम तो उल्टी बात कर रही हो। मैं सिर्फ़ यह कहता हूँ कि अगर कभी नज़र पड़ जाए, तो मुझे बताइए कि कौन साहब रोज़ सुबह मेरे जलपान का प्रबंध कर देते हैं? बस कहीं से एक खिड़की खुलती है और कूड़ा मेरे सिर पर ऐसे बरसता है मानो भगवान का प्रसाद हो। एक ही मकान में रहने का यह मतलब है कि ज़रा एक-दूसरे पर निगाह रखें।

पड़ोसिन : मुझे खुफिया पुलिस समझ रखा है तुमने?

दुकानदार : *(हाथ जोड़कर)* अच्छा बाबा माफ करो, तुमसे बात करना एक मुसीबत मोल लेना है।

पड़ोसिन : *(तिनक कर)* वाह! जिसे देख लिया उसी को दोष दे दिया। वाह भई वाह! बस औरत से बात करने के लिए

बहाना चाहिए। कैसे-कैसे आदमी पड़े हैं दुनिया में। सब भगवान की लीला है। वाह! *(अंदर चली जाती है।)*

कुछ पड़ोसी : अजीब औरत है! हवा से लड़ती है। पर ऐसी औरत से कोई बात ही क्यों करे? सारा मुहल्ला जानता है, कैसी बेढब है। इसी को कहते हैं आ बैल मुझे मार। झगड़ालू आदमी को शर्मिंदा करना है तो चुप रहने से अच्छा और कोई इलाज नहीं।

मित्र : आखिर हुआ क्या था?

दुकानदार : वैसे कुछ भी नहीं हुआ। और अगर देखा जाए, तो मेरे साथ दिन भर जो होता रहता है, दुनिया में किसी के साथ न होता होगा। कभी नाशपाती के छिलके आकाश से बरस रहे हैं, कभी जूठन की वर्षा हो रही है। ऊपर का सारा कचरा दुकान के अंदर चला आ रहा है। दुनिया में लोग अच्छे नागरिकों की तरह रहते हैं। एक-दूसरे के दुख-दर्द में काम आते हैं। अभी कल ही की बात है टोनी मुझे मिला। वही टोनी जो इंग्लैंड गया था। कह रहा था... लो टोनी तो यहीं आ गया। इसी से पूछ लो। क्यों टोनी क्या देखा था तूने लंदन के स्टेशन पर?

टोनी : *(आगे बढ़कर)* हम उधर जहाज़ में काम करता है। तो जहाज़ में सब दुनिया का चक्कर लगाया। अमेरिका, आस्ट्रेलिया, इटली...।

दुकानदार : अरे वह तो सबको मालूम है। दुनिया का भूगोल सबको क्यों बता रहा है। लंदन स्टेशन का क़िस्सा सुना। अरे वही क़िस्सा, एक आदमी अकड़ता हुआ चला जा रहा था...।

टोनी : ओह! उधर लंदन में भी हम गया इंग्लैंड के अंदर। तो हम उधर क्या देखा कि हम देखा एक आदमी ऐसा मूँछ पर ताव देता एकदम तेज़ चल रहा है और उसका पैर

उधर ज़मीन पर नहीं पड़ता था। उधर आसमान के ऊपर पड़ता था। दूसरा हाथ में उधर एक छड़ी रखेला था। उसको घुमाता था। सीटी बजाता था और उधर एक हाथ से मूँछ पर ताव देता था। इस माफक *(यह कहकर टोनी उस आदमी की नकल करता है और फिर कहता है)* इस माफक इस माफक चलता था। इच्चक दुच्चक। इतने में उधर से एक आदमी से टक्कर खाके धमड़ा से नीचू इस माफक! *(गिर कर बताता है)* पर जानते हो क्या हुआ? जिस आदमी से उसका टक्कर हुआ था वह हँस दिया और उसको उठा के हाथ में छड़ी दिया, चश्मा दिया, हैट दिया और चल दिया। वह कपड़ा झाड़ते हुए आगे बढ़ा तो उसका चाल बिल्कुल ठीक हो गया था। नीचू आँख करके चलता था।

दुकानदार : सुना आपने? और एक यह शहर है, पड़ोसी के सिर पर कूड़ा डालते हैं और सहानुभूति दिखाने के बजाय उल्टा उसी पर बिगड़ते हैं।

(ऊपर एक खिड़की से दो हाथ बाहर निकलते हैं, जिनमें एक टोकरी है। टोकरी का सारा कूड़ा-करकट उलट दिया जाता है। कूड़ा दुकानदार के सिर पर गिरता है। वह बौखला जाता है। लोग उसके कपड़े झाड़ने लगते हैं)

थू-थू, छी-छी, छी-छी, अरे राम-राम, सारी धूल मुँह में घुस गई। अभी नहाया था। अब दो घंटे तक सिर धोऊँगा तब कहीं बालों में से यह कचरा निकलेगा। देखा आप लोगों ने? बस दिन भर यही होता है *(ऊपर खिड़की की ओर पुकार कर कहता है)* यह किसने ऊपर से कचरा फेंका? आँखें फूट गई हैं? नीचे आदमी रहते हैं या जानवर? हिम्मत है तो बाहर आओ।

मित्र : इतने गर्म क्यों होते हो?

दुकानदार : मैं सिर्फ़ यह कहता हूँ कि आदमी क़सूर करे लेकिन कायर न बने। सिर्फ़ सूरत देखना चाहता हूँ उसकी। बस एक बार सामने आ जाए।

मित्र : मैं बुला दूँ उसे?

दुकानदार : आप क्या बुलाएँगे! आप में इतना साहस कहाँ?

मित्र : अच्छा देखिए *(खिड़की की ओर देखकर पुकारता है)* यह चाँदी का चमचा किसका है? अरे भई कचरे के अंदर यह चाँदी का चमचा किसने फेंक दिया? बोलतें क्यों नहीं, किसका है यह चाँदी का चमचा? बोलते हो या हम ले जाएँ?

पड़ोसिन : *(खिड़की से झाँककर)* क्षमा कीजिएगा मेरा है चमचा।

मित्र : तो नीचे आकर ले जाइए।

पड़ोसिन : आप ही ज़रा कष्ट करके पहुँचा देते।

मित्र : मैं क्यों आऊँ? आपका चमचा है, आकर ले जाइए।

पड़ोसिन : मेरी तबीयत ज़रा ठीक नहीं है।

मित्र : अच्छा तो हम चमचा यहाँ दुकान पर छोड़ देते हैं किसी के हाथ मँगवा लीजिएगा।

पड़ोसिन : नहीं, नहीं, मैं आ रही हूँ।

(खिड़की से हट जाती है)

मित्र : देखा आपने। अब कैसी मीठी-मीठी बातें कर रही है। सच है एक बुराई से दुनिया भर की बुराइयाँ आ जाती हैं भाई।

दुकानदार : भई लेकिन आप कमाल के आदमी हैं। मैं तो हर नुस्खा आज़मा चुका था, वह उल्टा मुझ ही पर बिगड़ती थी। पर मजाल है जो कभी हाथ आए। सदा से मुझे इसी औरत पर शक था। आखिर वही निकली।

पड़ोसिन : *(आते हुए)* क्षमा कीजिएगा, नौकरानी से भूल हो गई। उसने कूड़े के साथ फेंक दिया होगा चमचा।

मित्र : चमचा तो नहीं फेंका, हाँ केले के छिलके और अपने घर का सारा कूड़ा आपने भूल से इनके सिर पर ज़रूर फेंक दिया है। बस यह उठाकर ले जाइए।

(पड़ोसिन झिझकती है)

चलिए उठाइए।

एक आदमी : आप ही का तो है।

दूसरा : कूड़ा फेंका है तो अब उठाइए।

सब : उठाइए। चलिए साहब उठाइए। मुहल्ले भर में अपने घर की गंदगी फैलाना, यह कहाँ की रीत है। यह भी कोई सफ़ाई है! अपना घर साफ किया दूसरे का गंदा कर दिया–चलिए उठाइए कूड़ा।...

(पड़ोसिन कूड़ा उठाती है)

मित्र : और वायदा कीजिए कि अब कभी ऐसा न करेंगी।

पड़ोसिन : क्षमा कीजिए। कान पकड़े, अब कभी कूड़ा नीचे नहीं फेंकूँगी।

मित्र : घर का कूड़ा यों सड़क पर नहीं फेंक देते। नीचे लोग रहते हैं। सड़क पर आते-जाते हैं। आपकी तो सफाई हुई लेकिन सारे मोहल्ले की गंदगी। कूड़े के लिए टीन बना है, वहाँ फिंकवा दिया कीजिए।

(पड़ोसिन कूड़ा उठा चुकी है। एक केले का छिलका पड़ा रह गया था। जाते समय पैर उस पर पड़ जाता है, फिसल पड़ती है। सब खिलखिलाकर हँस पड़ते हैं।)

देखा आपने। बुराई का यह फल मिलता है। जैसी करनी वैसी भरनी।

(पर्दा गिरता है।)

आग की गेंद

(सूरज पर बच्चों का नाटक)

पात्र

अलिफ़, बे, जीम

समय : सूरज निकलने से पहले

खेल की अवधि : पाँच मिनट

स्थान : ज़मीन

जीम : बतलाओ कौन-सी कहानी सुनाऊँ?

अलिफ : सितारों की कहानी!

जीम : अच्छा तो सुनो—हमारी ज़मीन सितारों से छोटी है!

बे : कैसे हो सकता है?

जीम : बात यह है कि सितारे इतनी दूर हैं कि छोटे नज़र आते हैं!

बे : मगर हमको कैसे मालूम हो कि हमारी ज़मीन सितारों से छोटी है?

जीम : अच्छा सूरज हमारी ज़मीन से बहुत बड़ा है—यह तो हमें मालूम है ना?

अलिफ : तो सूरज सितारा थोड़ी है?

बे : सूरज है क्या चीज़?

अलिफ : सूरज सूरज है और क्या!

जीम : सूरज भी एक सितारा है!

बे : और हमारी ज़मीन भी सितारा है?

जीम : हमारी ज़मीन सितारा नहीं सय्यारा है!

अलिफ : सितारे और सय्यारे में क्या फ़र्क़ होता है?

बे : सितारे में नुकते ऊपर होते हैं और सय्यारा में नीचे बस।

जीम : सय्यारा गरम नहीं होता सितारा गरम होता है—सय्यारा सितारे की रोशनी से तो आईने की तरह चमक सकता है मगर जिस तरह आईना खुद अपनी रोशनी से नहीं चमकता सय्यारा भी नहीं चमक सकता और सितारा इतना गरम होता है कि खुद रोशनी पैदा करता है—सय्यारे सूरज के गिर्द चक्कर लगाते हैं सितारे नहीं लगाते।

बे : सूरज की रोशनी न हो तो कितना बुरा लगेगा।

जीम : सूरज की रोशनी न हो तो न हम ज़िंदा रह सकते हैं न जानवर न पेड़ न फल—सूरज न हो पानी-हवा-बिजली-तेल-कोयला कुछ भी न हो—सूरज ही से तो ज़िंदगी है—कहो तो इसी सितारे की कहानी सुनाएँ?

बे : हाँ सूरज की कहानी सुनाइए!

जीम : सूरज की बहुत-सी पुरानी कहाँनियाँ हैं। यूनान की अलग... हिंदोस्तान की अलग। अमरीका की अलग। अफ्रीका की अलग।

बे : सच्ची कहानी सुनाइएगा!

जीम : एक कहानी बड़ी मजेदार है...पुराने जमाने में दुनिया के दो हिस्से थे। एक हिस्से में पहाड़ थे और दूसरे हिस्से में वादी।

अलिफ : वादी मैदान को कहते हैं न?

बे : फिर वही उल्टी बात! मैदान को बस मैदान कहते हैं। वादी दो पहाड़ों के बीच में होती है। अच्छा तो पहाड़ी हिस्से के लोगों के पास आग थी और वादीवाले आग का नाम भी नहीं जानते थे। अच्छा बताओ, पहाड़ वाला कौन बनेगा?

बे : मैं!

अलिफ : मैं!

जीम : झगड़ा खत्म! पहाड़वाला मैं। तुम दोनों वादीवाले।

(जीम एक सुर्ख-सी दहकती हुई गेंद लेकर स्टेज के दाएँ तरफ बैठ जाता है। और आग तापता है। अलिफ और बे बाएँ तरफ़ बैठ जाते हैं।)

अलिफ : कितनी सर्दी लग रही है!

बे : देखो! वह कैसे मज़े से आग ताप रहे हैं!

अलिफ : कितनी खूबसूरत है वह गेंद!

बे : वह आग की गेंद है।

अलिफ : आग की गेंद?

बे : इसी आग से तो वह लोग तरह-तरह के खाने पकाकर खाते हैं।

अलिफ : और हम जंगल के फल और पत्ते खाकर ज़िंदगी बसर करते हैं।

बे : इसी आग से वह लोग रात के अँधेरे को दूर-दूर तक भगा देते हैं।

अलिफ : हमें भी किसी तरह आग पैदा करनी चाहिए।

बे : जुगनुओं में होती है। बहुत से जुगनू पकड़ लें। बस आग जमा हो जाएगी!

अलिफ : आसमान के सितारे तोड़ लाएँ तो क्या मज़ा आए?

बे : सितारों ही से तो थोड़ी रोशनी है। वह तोड़ लेंगे तो कुछ भी नज़र न आएगा!

अलिफ : क्यों? फिर तो और रोशनी हो जाएगी! अभी ये सितारे आसमान पर चमकते हैं—फिर ज़मीन पर जगमगाएँगे!

बे : और यह रात ख़त्म हो जाएगी, है न?

अलिफ : हज़ारों साल हो गए। यह रात ख़त्म ही नहीं हुई!

बे : तो फिर आओ—चलें आसमान की तरफ़। खूब से सितारे तोड़ कर ले आएँगे!

अलिफ : लाएँगे काहे में!

बे : दामन में भर लेंगे!

अलिफ : अच्छा,—एक सीढ़ी लेकर आओ!

बे : मेरी सीढ़ी ज़रा छोटी है। बड़ी बनानी पड़ेगी!

अलिफ : अरे! मैं तो भूल ही गया था। तुम्हारी सीढ़ी तो बहुत छोटी होगी। हमको तो बहुत बड़ी, बहुत ही लंबी सीढ़ी की ज़रूरत है। अरे भई...सितारों तक पहुँचने वाली सीढ़ी बनाने में तो सैकड़ों बरस लग जाएँगे। हम अपनी ज़िंदगी में बना पाएँगे?

बे : अच्छा, तो इनसे क्यों न माँग लें गेंद?

अलिफ : एक ही तो आग की गेंद है इनके पास। तुम्हें भला क्यों देने लगे?

बे : माँग कर देखें।

अलिफ : साहब...यह आग की गेंद हमें दे दीजिए।

जीम : तुम्हें क्यों दूँ? बड़े आए माँगने वाले!

बे : मैं न कहता था नहीं देंगे!

अलिफ : अच्छा साहब! खफा क्यों होते हैं? नहीं देते तो मत दीजिए।

बे : आपकी गेंद आपको मुबारक हो।

अलिफ : हम तो थोड़ी देर खेलना चाहते थे। बस फिर वापस कर देते। नहीं देते तो हम कोई और खेल खेलेंगे।

जीम : आग से खेलना अच्छा नहीं होता।

अलिफ : मुझे एक बात सूझी।

बे : क्या बात?

अलिफ : ठहरो! *(जेब से एक बाँसुरी निकालता है और बजाता हुआ जीम के पास जाता है। बाँसुरी की आवाज़ से जीम सो जाता है। अलिफ आग की गेंद चुरा लेता है और तिनकों में छिपाकर बे के पास ले आता है।)*...देखो! ले आया गेंद!

बे : देखें कैसी है?

(बे बढ़कर तिनके हटाना चाहता है)

अलिफ : *(इसे रोकते हुए)* खोलो मत!

बे : क्यों?

अलिफ : ऐसी!

बे : ज़रा देखने तो दो।

अलिफ : गेंद मेरी है। मैं नहीं देखने दूँगा।

बे : गेंद हम दोनों की है।

जीम : *(झगड़े से जाग उठता है)* किसने चुराई मेरी गेंद?

अलिफ : गेंद तुम्हारी कैसे हुई? जिसने उठा ली उसकी हो गई।

बे : गेंद हम तीनों की है।

जीम : गेंद मेरे सिवा और किसी की नहीं हो सकती। वापस दे दो मेरी गेंद।

बे : जरा देखने तो दो। आखिर है कैसी यह गेंद?

अलिफ : मैं कहे दे रहा हूँ गेंद पर से तिनके मत हटाना। वर्ना...
(बे गेंद अलिफ के हाथ से छीनकर तिनके हटा देता है। तिनके हटते ही आग की गेंद ऊपर चली जाती है। आसमान पर पहुँच कर सूरज की तरह चमकने लगती है। सारी दुनिया मुनव्वर हो जाती है)

अलिफ : मैं न कहता था। अब क्या करोगे? तिनके हटाते ही गेंद आसमान पर उड़ गई। अब न तुम्हारी है, न मेरी, न इनकी। बस अब यह आग की गेंद सारी दुनिया की हो गई।

बे : मगर देखो इसकी रोशनी कितनी तेज है। सारी दुनिया जगमगा उठी।

जीम : बस अब यह गेंद सूरज बन गई। अब यह कभी ज़मीन पर नहीं उतरेगी।

अलिफ : सच!

जीम : सूरज को आग की एक गेंद समझो...और क्या?

बे : इसमें सचमुच आग होती है?

जीम : आग तो नहीं होती...मगर सूरज इतना गरम होता है कि दूर-दूर तक इसकी रोशनी फैल जाती है।

बे : तो यह कहानी सच्ची नहीं है?

जीम : कहानी है। सच झूठ किसे मालूम!

बे : *(रूठकर)* हमें झूठी कहानी सुनाई!

अलिफ : सच्ची कहानी क्यों नहीं सुनाते हैं?

जीम : सूरज के बारे में कोई कहानी सच्ची नहीं।

बे : क्यों?

जीम : कोई जानता ही नहीं सूरज कैसे बना।

अलिफ : *(मचलकर)* नहीं...बताइए न, बताइए न! सूरज कैसे बना बताइए न!

बे : आपको बताना पड़ेगा सूरज क्या है?

जीम : कह तो दिया सूरज एक सितारा है जिसके गिर्द नौ सय्यारे चक्कर

लगाते हैं। एक हमारी ज़मीन और... *(कुछ सोच कर)* दूसरे आठ सय्यारों के नाम बताओ...कौन-कौन से हैं?

अलिफ : नहीं मालूम।

जीम : तुम सय्यारों के नाम बताओ। तो मैं सूरज की दूसरी कहानी सुनाऊँगा।

बे : कहाँ से बताएँ?

जीम : मालूम करके आओ।

अलिफ : कहाँ से मालूम करें?

जीम : किताब में देखकर आओ।

अलिफ : अच्छा हम देखकर आते हैं।

बे : आप कहीं न जाइएगा। हम अभी आते हैं। सूरज की दूसरी कहानी जरूर सुनानी पड़ेगी।

जीम : नाम जुबानी याद करके आओगे तो सुनाऊँगा। *(अलिफ और बे भागकर निकल जाते हैं। जीम बढ़कर स्टेज के सामने आता है और तमाशा देखने वालों से कहता है)*...अब आप ही बताइए कि जब तक ये बच्चे नौ सय्यारों के नाम याद नहीं कर लेते मैं दूसरी कहानी कैसे सुना सकता हूँ। इसलिए मेरे ख़्याल से अब पर्दा खींच देना चाहिए। क्यों? *(अपने हाथ से पर्दा खींच देता है।)*

परम्परा

(भारतीय इतिहास पर बच्चों का एक नाटक)

पात्र

सूत्रधार
नटी
भारतमाता
आर्य
राम
लक्ष्मण
कैकेयी
अर्जुन
भगवान कृष्ण
एक औरत
अशोक
मंत्री
एक लड़की
कालिदास
पहला राजपूत
दूसरा राजपूत
मुसलमान
अंग्रेज़
गाँधीजी
प्रोम्पटर

(पीछे के पर्दे पर हिंदुस्तान का नक्शा बना हुआ है। स्टेज के बीच में पर्दे से लगा हुआ एक तख्त बिछा है। आने-जाने के रास्ते तीन हैं–दाएँ, बाएँ और बीच में। जब पर्दा उठता है, तो एक तरफ़ से सूत्रधार और दूसरी तरफ़ से नटी दाखिल होती है)

सूत्रधार : कौन-सा नाटक खेलेंगे?

नटी : भारत के इतिहास पर एक नाटक दिखाया जाए तो बड़ा मज़ा आएगा।

सूत्रधार : इतिहास पर क्यों!

नटी : ऐसे ही।

सूत्रधार : इतिहास का कौन-सा हिस्सा?

नटी : पूरा इतिहास दिखाएँगे नाटक के अंदर।

सूत्रधार : यह नहीं हो सकता। यह नाटक है, बच्चों का खेल नहीं है।

नटी : मैं तो यही नाटक दिखाऊँगी।

सूत्रधार : *(बिगड़कर)* जानती हो, भारत का इतिहास चार-पाँच हज़ार बरस की कहानी है।

नटी : हुआ करे!

सूत्रधार : अजीब हो! तुम्हारा नाम क्या है?

नटी : नटी! नटी यानि 'एक्ट्रेस'! और तुम्हारा?

सूत्रधार : मैं अपना नाम भूल गया, बस, 'धार' याद रह गया है!

नटी : धार! यह कैसा नाम है!

सूत्रधार : 'धार' नाम नहीं है! धार आधा नाम है! पूरा नाम मुझे याद नहीं, कह तो दिया। चलो, बस अब नाटक शुरू करो।

भारतवर्ष की कहानी छः हिस्सों में बँटी हुई है। एक जंगली ज़माना—इतिहास से पहले का...

नटी : *(बात काटकर)* वो जंगली ज़माना नहीं था; वो मोहनजोदड़ो और हड़प्पा का ज़माना था।

सूत्रधार : ये कौन लोग थे?

नटी : ये लोग नहीं थे। शहर थे।

सूत्रधार : तुम्हें कैसे मालूम?

नटी : ज़मीन खोद के लोगों ने पता लगाया है कि हज़ारों साल पहले ये दो शहर हिंदोस्तान में आबाद थे।

सूत्रधार : अच्छा! तो एक यह ज़माना, दूसरा आर्यों का ज़माना, और तीसरा हिंदू राजाओं का, चौथा मुसलमान बादशाहों का, पाँचवाँ अंग्रेजों का और छठा हमारा जमाना आज का।

नटी : सब गलत। बस दो ज़माने थे—एक कल का और एक आज का।

सूत्रधार : क्या मतलब?

नटी : एक पुराना, एक नया। एक तुम्हारा, एक मेरा।

सूत्रधार : नहीं समझा।

नटी : एक वो ज़माना, जब हिंदोस्तान पर हमारा राज था और एक वो ज़माना, जब हिंदोस्तान पर दूसरों का राज हो गया। और हमने उनके हाथ से राज छीन लिया।

सूत्रधार : हिंदू-मुसलमान दोनों के ज़मानों को तुम एक ज़माना मानती हो?

नटी : बिल्कुल, मैं हिंदू, मुसलमान को अलग-अलग मानती ही नहीं। मैं तो यह मानती हूँ, कि एक वो ज़माना था, जब कि बादशाह राज करते थे और एक यह ज़माना है, जबकि बादशाह-वादशाह सब खत्म हो गये हैं। नहीं समझे?

सूत्रधार : नहीं।

नटी : बस रहने दो, तुम न समझ सकोगे आओ खेल शुरू करें।

सूत्रधार : मैं इतिहास के दो हिस्से नहीं होने दूँगा। यह सब गलत है।

नटी : मैं तो एक ही बार में एक साथ सारी कहानी कह देना चाहती हूँ।

सूत्रधार : एक ही में? हे प्रभु! यह मैं हरगिज न होने दूँगा। देखता हूँ कैसे ड्रामा दिखाती हो।

नटी : ज़रा सोचो तो सही। तुम्हारी तरह अगर इतिहास के छः हिस्से करेंगे, तो छः सीन में होगा नाटक और छः घंटे लगेंगे। मेरे ढंग से करोगे, तो बस एक सीन में खेल खतम।

सूत्रधार : खेल खतम पैसा हजम।

नटी : बिल्कुल।

सूत्रधार : अच्छा ठीक है, शुरू करो! ज़रा सुनो। नाटक का नाम क्या होगा?

नटी : तुम बताओ!

सूत्रधार : भारत का इतिहास!

नटी : लंबा है!

सूत्रधार : केवल इतिहास! मुँह क्यों बना रही हो?

नटी : नाम होगा 'विरासत'।

सूत्रधार : अच्छा नाम है।

(नटी इशारे से, भारतमाता को बुलाती है। भारतमाता आहिस्ता-आहिस्ता अंदर आती है। उसके आते ही नटी तो चली जाती है। सूत्रधार कुछ देर खड़ा तमाशा देखता है। दूसरी तरफ़ से आर्य आता है)

भारतमाता : तुम कौन?

आर्य : आर्य और तुम?

भारतमाता : भारतमाता।

आर्य : तुम बहोत सुंदर हो।

भारतमाता : तुम यहाँ कहाँ आये हो?

आर्य : रहने के लिए!

(मुड़कर बाहर देखता है)

भारतमाता : बाहर क्या देख रहे हो? *(खुद देखकर)* यह मवेशी तुम साथ लाए हो? *(आर्य सर हिलाकर इकरार करता है)* यह तुम्हारे हाथ में क्या है?

आर्य : किताब।

भारतमाता : किताब! कैसी किताब?

आर्य : ऋग्वेद।

भारतमाता : ऋग्वेद! जरा देखूँ!

आर्य : तुम इसे न समझ सकोगी।

भारतमाता : दिखाओ तो! *(आर्य किताब देता है। भारतमाता कुछ पन्ने उलटने के बाद कहती है)*

यह तो बहुत अच्छी किताब है। यह मुझे दे दो। *(आर्य इन्कार करता है)*

इसके बदले मेरा मोतियों का हार ले लो। *(इन्कार)* ये तख्त, ये ताज, ये खेत, ये घर बार, सब तुम्हारा। यह किताब मुझे दे दो।

आर्य : यह देने की नहीं है।

भारतमाता : मैं तुम्हारी, मेरा सब कुछ तुम्हारा। जानोदिल तुम पर निसार कर दूँगी। बस यह किताब मुझे दे दो।

(आर्य किताब भारतमाता को दे देता है। भारतमाता उसका हाथ पकड़कर तख्त की तरफ़ ले जाती है। गद्दी पर बिठाती है, अपना ताज उसे पहनाती है। मोतियों की माला गले में डालती है और राजदण्ड हाथ में देती है। इतने में नटी एक थाल में फूल और सिंदूर लिये अंदर आती है। सूत्रधार एक कोने में परेशान खड़ा है। उसे देखकर बैचेनी से बढ़ती है और कोहनी से इशारा करती

है। वह होश में आता है। दोनों बढ़ते हैं और आर्य और भारतमाता की शादी कराते हैं। गले में फूलों के हार डालते हैं। मसनद पर फूल बरसाते हैं।)

सूत्रधार : आपको बच्चे नहीं चाहिए महाराज!

नटी : तुमको बात करने का ढंग नहीं आता?

सूत्रधार : ढंग के लिए वक्त चाहिए।

(इशारा करता है। दो बच्चे दाखिल होते हैं–तीर कमान लिये हुए)

यह राम हैं और यह लक्ष्मण।

रानी कैकेयी : *(अंदर आते हुए)* तुमको चौदह बरस का बनवास है। बस जाओ मेरी नजरों से दूर हो। *(रामचन्द्र जी बढ़कर भारतमाता को एक किताब देते हैं)*

भारतमाता : यह क्या है बेटा?

सूत्रधार : रामायण! *(सीता जी सर झुकाये दाखिल होती हैं राम, लक्ष्मण और सीता नटी के इशारे पर दूसरी तरफ़ से बाहर चले जाते हैं। रानी कैकेयी जिधर से आई थीं, उधर से वापस चली जाती हैं)*

यह तुमने क्या किया? जहाँ से नाटक शुरू होता है, वहीं पर खत्म कर दिया? रामलीला में इसके बाद ही तो मज़ा आता है।

नटी : वक्त नहीं है।

सूत्रधार : मगर यह तो, नाइंसाफी पर नाटक ख़त्म हुआ।

नटी : सारी दुनिया को मालूम है कि राम-राज्य भारतवर्ष का कैसा शानदार ज़माना था।

सूत्रधार : मगर...

(अर्जुन उल्टे पाँव अंदर आते हैं। बाहर कोई भयानक मंजर देख रहे हैं। तभी तो इतने उदास और परेशान हैं! सर पर हाथ रखकर बैठ जाते हैं)

अर्जुन : मुझसे न होगा। *(भारतमाता की तरफ़ बढ़कर)* माँ, मुझसे न होगा अपने भाइयों का ख़ून। *(दूसरी तरफ़ से कृष्ण भगवान दाखिल होते हैं और अर्जुन के कंधे पर हाथ रख देते हैं)*

कृष्ण भगवान : अर्जुन! यह लड़ाई भाई-भाई की लड़ाई नहीं है। यह सच और झूठ की लड़ाई है। न्याय और अन्याय की लड़ाई। यह दुनिया में हमेशा से होती चली आई है। अगर लड़ाई को दुनिया से खत्म कर देना चाहते हो, तो इस लड़ाई के लिए तैयार हो जाओ। जाओ। मुझे क्या देखते हो। मैं तुम्हारे साथ हूँ।

भारतमाता : मेरा बच्चा! मेरे बच्चे को मार डालेंगे!

कृष्ण भगवान : अर्जुन की जीत होगी।

(बढ़कर भारतमाता के हाथ में एक किताब दे जाते हैं)

नटी : *(भारतमाता से)* ले लो, भगवद्गीता है।

सूत्रधार : फिर तुमने उल्टी बात की। जहाँ पर नाटक ख़त्म होता है, वहाँ तुमने शुरू कर दिया। और द्रौपदी का क़िस्सा क्या हुआ? जिसके ऊपर महाभारत की लड़ाई हुई थी।

नटी : अच्छा तो दिखाओ पूरी महाभारत। देख लेना नाटक कभी ख़त्म ही न होगा।

सूत्रधार : मगर इतना तो सोचो...

नटी : लोग तुम्हारी बातें सुनने के लिए यहाँ नहीं आये हैं। बस अब बहस बंद करो।

सूत्रधार : मैं सिर्फ़ इतना पूछता हूँ...

नटी : मैं कुछ नहीं सुनना चाहती।

सूत्रधार : अरे! मैं तो भूल ही गया था *(लपककर बाहर निकल जाता है और फौरन एक किताब लिये वापस आता है और भारतमाता को देता है)* नाट्यवेद!

भारतमाता : कौन-सा वेद?

सूत्रधार : नाट्यशास्त्र! नाटक की किताब! भरतमुनि ने लिखी है। **(नटी आँखें बंद किए अपने ध्यान में मस्त मीठे सुरों में यह श्लोक पढ़ती हुई गुजर जाती है—बुद्धम् शरणम् गच्छामि। सूत्रधार को यकायक होश आता है। लपककर नटी के साथ हो लेता है। और आँखें बंद करके वही श्लोक पढ़ता हुआ निकल जाता है। भारतमाता और आर्य दोनों खड़े हो जाते हैं और उसी तरह श्लोक दोहराते हुए बाहर चले जाते हैं। एक औरत तेजी से दाखिल होती और रोकर कहती है)**

औरत : कहाँ हैं महाराज! कहाँ हैं महाराज!

अशोक : *(अंदर आते हुए)* क्या बात है? *(उसके पीछे मंत्री प्रवेश करता है)*

औरत : कलिंग देश पर जीत मुबारक हो! सारे देश को मरघट बना दीजिए और फिर ख़ूब मज़े से राजसिंहासन पर बैठकर राज कीजिए। सारी दुनिया में महाराज अशोक का नाम रौशन होगा।

मंत्री : यह क्या कह रही हो?

औरत : लाशों पर राज करने वाला अशोक! देखिये मेरे घर की दशा देखिये। मेरे नन्हे-नन्हे बच्चों की तड़पती हुई लाशें आपको बधाई दे रही हैं। *(यह कहकर जिधर से आई थी उसी तरफ़ से निकल जाती है। अशोक की आँखें फटी की फटी रह जाती हैं। बाहर देखता है मगर देख नहीं सकता। आँखों पर हाथ रख लेता है और मुड़कर मंत्री से कहता है)*

अशोक : जाओ! ऐलान कर दो कि आज से मुल्कों को जीतने के लिए लड़ाई कभी न लडूँगा! प्रेम और धर्म के जरिए हुकूमत करूँगा। आज से मेरा वसूल है—धर्म विजय!

(अशोक अंदर चला जाता है और मंत्री उस रास्ते से निकल

जाता है, जिससे औरत बाहर गई थी। सूत्रधार और नटी प्रवेश करते हैं)

सूत्रधार : और सिकन्दर और पोरस का ड्रामा कहाँ गया?

नटी : सिकन्दर को लोग भूल गये हैं।

(एक छोटी-सी लड़की रोती हुई अंदर आती है)

सूत्रधार : अरे! यह लड़की यहाँ क्या कर रही है?

नटी : *(होठों पर उँगली रखकर)* शी...

(भारतमाता और आर्य अंदर आते हैं)

आर्य : रो क्यों रही हो?

भारतमाता : कितनी प्यारी लड़की है!

आर्य : तुम्हारा नाम क्या है?

भारतमाता : *(गोद में लेकर)* नाम बताओ।

लड़की : *(रोते हुए)* शकुन्तला *(सूत्रधार बढ़कर भारतमाता को एक किताब देता है)*

सूत्रधार : शकुन्तला।

भारतमाता : *(किताब देखकर)* यह कौन-सी भाषा में है?

सूत्रधार : आप न समझ सकेंगी। यह जर्मन भाषा है। आपको मालूम नहीं शकुन्तला का अनुवाद दुनिया की हर ज़ुबान में हो गया है।

(कालिदास घबराया हुआ प्रवेश करता है)

कालिदास : ओफ्फो! यहाँ पहुँच गई। नाक में दम कर दिया इस लड़की ने।

भारतमाता : तुम कौन हो?

कालिदास : मैं इसका पिता हूँ, देवी! मेरा नाम कालिदास है।

आर्य : कौन कालिदास!

सूत्रधार : भूल गये महाराज! वही कालिदास, जिनका नाटक शकुन्तला देखकर महाराजा विक्रमादित्य कह उठे थे कि ऐसा नाटक दुनिया में आज तक नहीं लिखा गया।

नटी : तुम जैसे बहोत याद रखते हो! अपना नाम तक तो याद नहीं।

भारतमाता : *(कालिदास से)* तुम क्या चाहते हो?

कालिदास : दिन भर भटकती फिरती है। भोर से इसी की तलाश में फिरता रहता हूँ। इस बुढ़ापे में मुझसे न सँभलेगी यह लड़की। देवी जी, बड़ी कृपा होगी, अगर आप इसे अपनी शरण में ले लें। बस! फिर मैं निश्चिन्त हो जाऊँगा।

भारतमाता : इसको तो हमने अपनी गोद में ले ही लिया है। चिंता की क्या बात है?

कालिदास : तुम धन्य हो देवी! तुमने आज... *(नटी उसके मुँह पर हाथ रख देती है।)*
क्या बात है?

नटी : बस, तुम्हारा पार्ट खत्म हो गया।
(कालिदास जाता है)

सूत्रधार : महाराज! *(कालिदास रुक जाता है)* एक बात पूछूँ महाराज?

नटी : यह सब नाटक के अंदर कहाँ है? अपने मन से बात मत करो।

सूत्रधार : मेरा नाम आपको याद है?

कालिदास : नाट्य शास्त्र भूल गये?

सूत्रधार : अरे हाँ! नाट्य शास्त्र में तो ज़रूर होगा। *(भारतमाता से)* ज़रा दीजिए तो नाट्य शास्त्र *(भारतमाता किताब देती है। सूत्रधार इधर-उधर से पन्ने उलटने के बाद कहता है)*
यह तो संस्कृत में है महाराज!

कालिदास : संस्कृत भी याद नहीं! कलियुग आ गया है, मालूम होता है। *(बाहर जाने लगता है)*

सूत्रधार : नाम बताते जाइए महाराज!

कालिदास : तुम्हारा नाम सूत्रधार है। अब कभी न भूलना।

सूत्रधार : *(नटी से)* मैं नहीं कहता था मेरे नाम के आखिर में 'धार' है। *(कालिदास से)*
सूत्रधार का मतलब क्या है महाराज!

कालिदास : सूत्रधार का मतलब है—रस्सियों का पकड़ने वाला *(चला जाता है)*

सूत्रधार : रस्सियों का पकड़नेवाला क्या मतलब?

नटी : भई सूत्रधार का मतलब है—स्टेज का मोहतमिम।

सूत्रधार : मोहतमिम क्या?

नटी : यानि एहतिमाम करने वाला। इंतजाम करने वाला मैनेजर व्यवस्थापक।

सूत्रधार : स्टेज मैनेजर! *(सीना तानकर)* ओह! अच्छा!

नटी : बड़े स्टेज मैनेजर बने हैं! क्या कहने हैं आपके इंतजाम के। स्टेज मैनेजर!

सूत्रधार : सूत्रधार!

कालिदास : *(अंदर झाँककर)* कठपुतलियों का तमाशा दिखाने वाले को सूत्रधार कहते हैं यह शब्द इसी से निकला है। अब कभी न भूलना। *(वापस चला जाता है)*

सूत्रधार : *(कान पकड़कर उठक-बैठक करते हुए रटता है)* सूत्रधार! सूत्रधार! रस्सियों का पकड़ने वाला। कठपुतलियों का तमाशा दिखाने वाला। स्टेज मैनेजर। सूत्रधार।

नटी : ड्रामा आगे भी खेलोगे या उठक-बैठक ही करते रहोगे।

सूत्रधार : मैं तो आगे सब भूल गया हूँ। बस सूत्रधार याद है। ठहरो! *(भागकर एक किताब उठा लाता है। देखकर कहता है)* कालिदास के बाद और बहुत से बड़े-बड़े ड्रामे लिखने वाले आते हैं। भास, हर्षवर्द्धन, भवभूति।

नटी : ओफ्फो।

सूत्रधार : भई सुनो तो।

नटी : सारा पार्ट मन से कर रहे हो। बस मैं और कुछ नहीं

सुनूँगी।

सूत्रधार : शुरू से तुम यही कर रही हो। सारा इतिहास बिगाड़ के रख दिया। सिकन्दर उड़ा गईं। मगधराज खा गईं। गुप्तराज का ज़माना साफ उड़ा गईं। चंद्रगुप्त मौर्य कहाँ गया? उससे बढ़कर राजा और कौन गुज़रा है।

नटी : कालिदास गुप्तराज के ज़माने के ही तो थे।

सूत्रधार : और अजन्ता-एलोरा?

नटी : बस, वो ज़माना ख़त्म हो गया। कह तो दिया।

सूत्रधार : वाह! अच्छा ख़त्म हो गया! कई सौ बरस तक हज़ारों आदमियों की अनगिनत नस्लें, पहाड़ काट-काट कर ऐसी प्यारी-प्यारी मूर्तियाँ बनाती रहीं और आपके लिए एक पल में वो सारा ज़माना ख़त्म हो गया? वाह!

नटी : आगे देखो क्या होता है!

सूत्रधार : *(किताब देखकर)* उसके बाद ब्राह्मणों का राज है।

नटी : वो छोड़ो। उसके बाद?

सूत्रधार : उसके बाद राजपूतों का। राजपूतों के ज़माने में बहुत नाटक हुए थे।

नटी : नाटक के पीछे लठ ले के मत पड़ जाओ! आगे देखो।

सूत्रधार : कम से कम इस ज़माने की किताबें तो भारतमाता को दे दें।

नटी : तो फिर आओ, जल्दी करें। तुमने वक्त बहुत ख़राब किया है।

(दोनों भाग-भागकर किताबें लाते हैं और एक के बाद एक भारतमाता को देते जाते हैं, साथ ही किताबों का नाम ऐलान करते जाते हैं। भास, विशाखदत्त, शूद्रक, हर्ष, भवभूति, बाण, पंचतंत्र, गीत गोविन्द, एक तोते के सत्तर किस्से, सिंहासन बत्तीसी, बैताल पचीसी)

सूत्रधार : यह एक किताब साइंस के बारे में है। नाम समझ में नहीं

आता!

नटी : बस, अब जल्दी से आगे बढ़ जाओ।

सूत्रधार : आगे तो बहुत गड़बड़ है। तुर्कों और मुगलों का ज़माना है। इसमें ग़ोरी ख़ानदान, गुलाम ख़ानदान, ख़िलजी, तुगलक, सैयद, लोदी, मुग़ल, मुग़लों में बाबर-हुमायूँ-अकबर... **(रुक जाता है)**

नटी : रुक क्यों गये?

सूत्रधार : भूल गया।

नटी : *(पुकारकर)* प्रॉम्पटर!

प्रॉम्पटर : अकबर, जहाँगीर, शाहजहाँ।

सूत्रधार : अकबर, जहाँगीर, शाहजहाँ, औरंगज़ेब! भई यह तो बहुत लंबी फेहरिस्त है, और वक्त बहुत कम है। अब क्या करोगी!

नटी : मैं कर लूँगी। तुम बेफ़िक्र रहो।

सूत्रधार : राजपूतों की हालत बहुत गिर गई थी। और वो आपस में झगड़े कर रहे थे। उस वक्त हिन्दोस्तान में तुर्कों का राज आया है।

नटी : मैं सब कर लूँगी। तुम देखते रहो।

सूत्रधार : कैसे कर लोगी?

नटी : अभी दिखाती हूँ।

सूत्रधार : मुझे नहीं देखना है। मैं जानता हूँ बहुत गड़बड़ होने वाली है और मेरी कोई ज़िम्मेदारी नहीं है। तुम जानो, तुम्हारा काम जाने। मैं चला।

(जाते-जाते कुछ सोचकर रुक जाता है। नटी इशारा करती है। दो लड़के दाखिल होते हैं उनके कान में कुछ कहती है। वो सर हिलाकर इकरार करते हैं और चले जाते हैं। फिर दूसरी तरफ़ इशारा करती है एक और लड़का अंदर आता है और उसी तरह कान में बात सुन कर चला जाता

है। पहले वाले लड़के फिर से अंदर आते हैं। मगर इस दफा दोनों आपस में लड़ रहे हैं। सूत्रधार सब पर एक घृणा की नज़र डालते हुए बाहर चला जाता है)

पहला लड़का : माता जी मेरी हैं।

दूसरा लड़का : नहीं! मेरी हैं माता जी। *(भारतमाता अंदर आते हुए)*

भारतमाता : क्या बात है?

दोनों : माता जी तुम किसकी हो?

भारतमाता : दोनों की हूँ।

(इस बात से किसी को इत्मीनान नहीं होता। झगड़ा करते हुए दोनों दूसरी तरफ़ से निकल जाते हैं। बस यही रट है–''नहीं दोनों की नहीं हो सकतीं'' ''माता जी तुम्हारी नहीं हैं।'' ''तुम्हारी क्यों होने लगीं। मेरी हैं माता जी'' बाहर निकले ही हैं कि दोनों घबराए हुए उल्टे पाँव वापस आते हैं। उनके पीछे वही लड़का है जिसके कान नटी पहले फूँक चुकी है)

पहला लड़का : माता जी यह देखो, यह कौन घर के अंदर घुस आया!

आर्य : *(अंदर आते हुए)* कौन है? *(लड़कों को देखकर)* इसे तुम नहीं पहचानोगे! इसे तुमने कभी देखा ही नहीं। मगर यह तुम्हारा भाई है। मैं इस बच्चे को एशिया में छोड़ आया था। बहुत दिनों के बाद वापस आया है। *(भारतमाता उसे लिपटा लेती हैं)*

तीसरा लड़का : *(तख्त की तरफ़ इशारा करके)* हम वहाँ बैठ जाएँ?

दूसरा लड़का : नहीं वहाँ नहीं बैठ सकते।

भारतमाता : बैठ जाओ। *(तीसरा लड़का तख्त पर बैठ जाता है। भारतमाता सर पर 'ताज' रख देती हैं आर्य बाहर चला जाता है।)*

तीसरा लड़का : ये किताबें हम ले लेते हैं।

पहला लड़का : इसके बदले तुम हमें क्या दोगे?

(तीसरा लड़का नटी को इशारा करता है नटी बाहर से एक सितार उठा ले आती है)

यह क्या है?

तीसरा लड़का : इसका नाम है अमीर खुसरो!

(नटी काग़ज़ अंदर लाती है)

दूसरा लड़का : और यह।

तीसरा लड़का : इसे काग़ज़ कहते हैं।

(नटी कुतुबमीनार, ताजमहल, एक तस्वीर और कुछ किताबें उठा लाती है और करीने से एक तरफ़ रख देती है। नटी और दोनों लड़के एक-एक करके किताबें लाते जाते हैं और साथ ही उनका नाम बोलते जाते हैं–'मलिक मोहम्मद जायसी' 'नरसिंग मेहता' 'कबीरदास' 'गुरुनानक' 'मीराबाई' 'अबुल फ़ज़ल' 'फ़ैज़ी' 'रामायण'।

भारतमाता : रामायण?

नटी : यह हिंदी की रामायण है। तुलसीदास जी ने लिखी है।

पहला लड़का : गीता।

भारतमाता : और यह कौन-सी गीता है।

पहला लड़का : यह फ़ारसी नज़्म में है। 'फ़ैज़ी' का तर्जुमा।

दूसरा लड़का : 'वेद'! यह भी फ़ारसी में है।

पहला लड़का : 'पुराण' फ़ारसी में।

दूसरा लड़का : 'महाभारत' फ़ारसी में।

(फिर वही सिलसिला। तीनों एक के बाद एक कहते हैं–'सूरदास' 'रसखान' 'रहीम खानखाना')

नटी : *(एक तम्बूरा लाकर)* तानेसन!

(इसके बाद मिट्टी या पत्थर की छोटी-छोटी मूर्तियाँ अंदर आती हैं और उसी तरह उनके भी नाम ऐलान होते हैं–'रंजीत सिंह' 'शिवाजी' 'टीपू सुल्तान'। एक अंग्रेज़ दाखिल होता है और उसके पीछे सूत्रधार कुछ किताबें

लिये घबराए हुए अंदर आता है। जल्दी-जल्दी किताबें रखता है और तेजी से नाम बोलता जाता है)

सूत्रधार : 'ग़ालिब' 'इक़बाल' 'टैगोर' 'संत तुकाराम' 'स्वामी विवेकानंद' 'लोकमान्य तिलक' 'दादा भाई नौरोजी'...

नटी : तुमसे किसने कहा था ये किताबें उठा लाओ। यह किताबें बाद में आने की थीं। आखिर कर दी न गड़बड़!

सूत्रधार : तो वापस ले जाता हूँ। *(अंग्रेज़ की तरफ़ इशारा करके).* इनसे कहो कि फिर से आ जाएँ।

नटी : बस, अब रहने दो।

सूत्रधार : *(आखिरी किताब, जो हाथ में रह गई थी, रखते हुए कहता है)* 'महात्मा गांधी'। *(गांधी जी अंदर आ जाते हैं)*

नटी : *(सर पीट लेती है)* आपको...

गाँधीजी : मैं तो कहता हूँ कि हिंदोस्तान हिंदोस्तानियों का... *(नटी मुँह पर हाथ रख देती है)*

सूत्रधार : हिंदोस्तान... *(नटी उसके मुँह पर भी हाथ रख देती है)*

नटी : तुम्हारी एक गलती से अब हर चीज़ गलत हो रही है।

सूत्रधार : *(गाँधीजी की तरफ़ इशारा करके)* मैंने तो इनसे नहीं कहा था कि चले आओ।

नटी : गाँधीजी! आप अभी जाइए। अपने वक्त से आइएगा। *(गाँधीजी चले जाते हैं)*
और देर हो रही है। भई जल्दी करो। तुम लोग शुरू क्यों नहीं करते! *(भारतमाता बाहर चली जाती हैं)*

तीसरा लड़का : *(अंग्रेज़ से)* तुम क्या चाहते हो?

अंग्रेज़ : हम 'सूरत' में एक कारखाना खोलने की इजाज़त चाहते हैं।

सूत्रधार : *(अंग्रेज़ से)* हाऊ इज़ शेक्सपियर?

नटी : हिंदोस्तानी में बोलो।

सूत्रधार : *(अंग्रेज़ की तरफ़ इशारा करके)*

यह जानते हैं अंग्रेज़ी।

नटी : मैं तो नहीं जानती।

सूत्रधार : तुम जाहिल हो।

नटी : बस, अब ज्यादा डींग मत मारो।

सूत्रधार : जानती हो...

नटी : शी... शी...

अंग्रेज़ : *(ताज को देखकर)* कितनी खूबसूरत टोपी है! मैं देख सकता हूँ। *(बादशाह ताज दे देता है। अंग्रेज़ उसे पहनना ही चाहता है कि एक लड़का बोल उठता है)*

पहला लड़का : वो टोपी नहीं है, ताज है। उसे सर पे न रखो। *(अंग्रेज़ ताज वापस कर देता है)*

अंग्रेज़ : यह किताब मैं ले सकता हूँ?

पहला लड़का : जी नहीं।

अंग्रेज़ : कुछ दिनों में वापस कर दूँगा।

दूसरा लड़का : किताबें हमारी हैं। हम नहीं देना चाहते? बस।

अंग्रेज : किताबें तुम्हारी हैं या आपकी *(तीसरे लड़के की तरफ़ इशारा करके)*

दूसरा लड़का : एक ही बात है।

अंग्रेज़ : क्यूँ न हो। आप बड़े भाई हैं, आपका हक है।

दूसरा लड़का : उनसे पूछ लो।

अंग्रेज़ : क्यूँ साहब, तो यह किताबें आपकी नहीं हैं?

तीसरा लड़का : हमारी हैं।

पहला लड़का : किताबें इनकी नहीं, हम दोनों की हैं। *(दूसरे लड़के को अपने साथ मिलाकर अलग कर लेता है)*

तीसरा लड़का : कौन कहता है तुम्हारी हैं?

दूसरा लड़का : हमारी नहीं तो और किसकी हैं?

(दोनों में आपस में झगड़ा हो जाता है 'ताज' एक तरफ़ को रख दिया गया है। आस्तीनें चढ़ गई हैं। इतने में

दोनों मुड़कर जो देखते हैं तो अंग्रेज़ साहब तख्त पर विराजमान हैं। सर पर ताज है और हाथ में राजदण्ड। तीनों उनकी तरफ़ बढ़ते हैं। अंग्रेज़ एक ही लाठी से सबको हाँकता है। मार खाकर सब दुबक जाते हैं।)

नटी : *(ऐलान करते हुए)* 1857।

सूत्रधार : हमारी पहली जंगे आजादी। *(अंग्रेज़ तख्त पर बैठ जाता है। सूत्रधार और नटी रेलगाड़ी, मोटरकार, पानी का जहाज, हवाई जहाज, टैंक, मिल, अख़बार, मद्रास, कलकत्ता और अंग्रेज़ी डिक्शनरी लाकर रख देते हैं आख़िर के सिर्फ़ पाँच नामों के ऐलान होते हैं–'मिल', 'अख़बार' 'मद्रास' 'कलकत्ता', और अंग्रेज़ी डिक्शनरी।)*

नटी : *(ऐलान करते हुए)* स्वराज हमारा पैदाइशी हक है। हमारा जन्म सिद्ध अधिकार है। 'स्वराज' इज़ आवर 'बर्थराइट' 'लोकमान्य तिलक'।

सब : 'स्वराज हमारा जन्मसिद्ध अधिकार है।' *(अंग्रेज़ फिर डंडा घुमाता है। गाँधीजी अंदर आते हैं।)*

गाँधीजी : मैं तो कहता हूँ कि हिंदोस्तान हिंदोस्तानियों का है। बाहर के आदमी को हमारी धरती पर पाँव धरने का कोई अधिकार नहीं। खासकर वह आदमी, जो धरती का लहू चूसे। मैं कहता हूँ–'हिंदुस्तान छोड़ दो।'

(गाँधीजी को देखते ही अंग्रेज़ तख्त छोड़कर नीचे उतर आता है। भारतमाता, आर्य भी आ जाते हैं और सब एक आवाज़ होकर बोलते हैं–'हिंदोस्तान छोड़ दो।')

भारतमाता : हिंदोस्तान छोड़ दो।

(कुछ जहाजी, मजदूर, किसान और विद्यार्थी जुलूस लिए अंदर आते हैं और पुकारकर कहते हैं–'हिंदोस्तान छोड़ दो', अंग्रेज़ सहम जाता है। जाते-जाते रुककर कहता है)

अंग्रेज़ : लेकिन ये किताबें! यह किताबें किसे दे जाऊँ!

पहला लड़का : वो हम देख लेंगे।

अंग्रेज़ : *(तीसरे लड़के की तरफ़ इशारा करके)* लेकिन इनमें से कुछ किताबें तो इनकी हैं। उन पर तो इन्हीं का हक है।

दूसरा लड़का : वो हमारी आपस की बात है।

तीसरा लड़का : फैसला अभी हो जाय, तो अच्छा है।

दूसरा लड़का : फैसला अभी कैसे हो सकता है।

तीसरा लड़का : बस अभी हो जाना चाहिए।

पहला लड़का : तो आ जाओ। हो जाता है फैसला।

(सब लड़के आपस में गुत्थम-गुत्था हो जाते हैं)

अंग्रेज़ : तो इसमें झगड़े की क्या बात है! किताबें आपस में बाँट लीजिए। *(किताबें बाँट कर देता है और फिर एक किताब उठाकर पूछता है)* यह एक किताब रह गई है, किसके हिस्से में आएगी?

तीसरा लड़का : कौन-सी किताब?

पहला लड़का : ऋग्वेद! यह हमारी है।

तीसरा लड़का : यह तुम्हारी कैसे हो गई? इस पर हमारा भी हक है।

दूसरा लड़का : तुम्हारा हक कैसे हो गया?

अंग्रेज़ : झगड़े की क्या बात है। बाँट लीजिए।

(ऋग्वेद के दो टुकड़े कर देता है और चला जाता है। गाँधी बहुत उदासी से दरो-दीवार को देखते हैं और सर झुकाए बाहर निकल जाते हैं। दोनों पक्षों के तेवर अब तक बदले हुए हैं)

भारतमाता : अब क्यूँ एक-दूसरे को घूर-घूर कर देख रहे हो। किताबें बाँट लीं। दोनों ने अलग-अलग कमरा ले लिया। बस जाओ, अब हँसी-खुशी रहो।

तीसरा लड़का : और आप?

भारतमाता : हम तुम्हारे पास भी हैं और तुम्हारे पास भी।

आर्य : हम तो दोनों के हैं। दोनों के पास रहेंगे।

सूत्रधार : और हमारा काम है खेल दिखाना। तुम्हें भी दिखाएँगे और तुम्हें भी।

पहला लड़का : फिर हममें झगड़ा किस बात का है।

तीसरा लड़का : किसी बात का नहीं।

दूसरा लड़का : तो आओ गले मिल लें।

तीसरा लड़का : मिल लें।

सूत्रधार : फिर देर काहे की है। तुम गले मिलो तो पर्दा गिरे। यह कहेंगी कि यह भी मेरा ही कुसूर है।

नटी : तुम्हारा नहीं तो और किसका है? सारा नाटक ख़राब कर दिया।

सूत्रधार : मगर देख लो। अब यह देर कर रहे हैं। यह मेरी भूल नहीं।

नटी : जैसे तुम कभी भूलते ही नहीं।

सूत्रधार : कब भूला?

नटी : अच्छा, बताओ भला, तुम्हारा नाम क्या है?

सूत्रधार : धार। जाने पूरा नाम क्या है। बस इतना याद रह गया।

(हिंदू-मुस्लिम गले मिलते हैं)

सूत्रधार : पर्दा...।

(पर्दा गिरता है)

दूध का गिलास

(दूध पर बच्चों का नाटक)

पात्र

बिट्टू
शीरीं
बी. प्रोटीन
मिक्खू बेग़म
जल्लो आपा
चंद और लड़कियाँ

अवधि : 15 मिनट
समय : एक रात
स्थान : बिट्टू की ख़्वाबगाह
मंज़र : दूध का गिलास

ड्रामा पढ़ने से पहले चार बातों का ख़्याल रखा जाए :

1. मार्को पोलो के बयान से यह मालूम होता है कि मंगोलिया की कौमें चौदहवीं सदी ई. में दूध का सफ़ोफ़ बनाना जानती थीं। यह सफ़ोफ़ क्यूँ कर बनाया जाता था? इसका हमें कोई इल्म नहीं लेकिन इतना मालूम है कि आज से 600 बरस पहले एशिया के लोग दूध को ठोस ईंटों की शक्ल में बदलकर मुद्दतों अच्छी हालतों में रखना जानते थे।
2. तूफ़ान उठने से पहले जो हब्स होता है उससे अक्सर दूध फट जाता है। यह ख़राबी बादल की गरज या बिजली के असर से नहीं बल्कि फ़िज़ा की गर्मी से पैदा होती है।
3. अगर खुला दूध आधे घंटे के लिए धूप में रख दिया जाए तो उसका विटामिन सी फ़ना हो जाता है।
4. एक गैलन गाय के दूध में पानी, चर्बी, प्रोटीन, शक्कर और मुख़्तलिफ़ किस्म के नमक होते हैं। नमक में कैल्शियम सबसे ज्यादा और अहम होता है।

(क्या यह किसी परी की ख़्वाबगाह है। नन्हा-सा पलंग साफ व शफ़्फ़ाफ बिस्तर, चादर, गिलास, पर्दे हर चीज़ दूध की तरह सफ़ेद, उजली झलकती हुई। दरवाज़े-खिड़कियों पर ख़ूबसूरत जालीदार पर्दे। धीमी-धीमी दूधिया रंग की रौशनी, रौशनी नहीं दूध की नहर है जो दरवाज़े, खिड़कियों और छत से फूटकर कमरे के अंदर हर तरफ़ बह निकली है। स्टेज बुक्कानूर बन गया है। यह कमरा मालूम ही नहीं होता; परीस्तान है या जन्नत का नमूना। पलंग पर बिट्टू सो रही है। शीरीं चुपके से कमरे में दाख़िल होती है और बिट्टू के पलंग पर झुककर, आहिस्ता से उसे जगाती है)

शीरीं : बिट्टू बिट्टू! *(आँखें खोल कर)*

बिट्टू : कौन है?

शीरीं : मैं हूँ शीरीं।

बिट्टू : कौन शीरीं? मैं तो आपको नहीं पहचानती।

शीरीं : मगर मैं तो तुम्हें खूब पहचानती हूँ। और जल्लो आपा भी तुम्हें अच्छी तरह जानती हैं। और मेरी छोटी बहनें भी।

बिट्टू : मैं तो उनमें से किसी को भी नहीं जानती।

शीरीं : बाहर गई हैं। शायद ख़ानम के यहाँ आती ही होंगी मिल लेना। वो सब तुम्हें देखने के लिए बेचैन हैं।

बिट्टू : वो भी इतनी ही प्यारी हैं जितनी कि आप।

शीरीं : बहुत प्यारी हैं और बहुत खूबसूरत।

बिट्टू : आपकी आँखों में तो जैसे मोती भरे हैं।

शीरीं : उनकी आँखों में जैसे किसी ने सितारे टाँक दिए हैं।

बिट्टू : तो भी आपकी तरह प्यारे प्यारे सफ़ेद-सफ़ेद रेशम के

कपड़े पहनती हैं जालीदार?

शीरीं : जल्लो आपा तो आबे रवाँ पहनती हैं। मिक्खू को सफ़ेद अतलस पसंद है।

बिट्टू : और आपकी दूसरी बहनों को?

शीरीं : तुम खुद ही देख लेना।

बिट्टू : आपकी कितनी बहनें हैं?

शीरीं : बहुत सारी—इतनी कि मुझे याद भी नहीं।

बिट्टू : मैं भी कहूँगी अम्मी से मेरे लिए ऐसे ही सफ़ेद-सफ़ेद रेशमी कपड़े बना दें। ऐसा मालूम होता है, आप दूध में नहाकर निकलती हैं।

शीरीं : मैं निकलती नहीं बस दूध में तैरती रहती हूँ।

बिट्टू : आपकी बातों में कितनी मिठास है न? महमूदा हैं न। वो भी आप ही की तरह मीठी-मीठी बातें करती हैं।

शीरीं : कौन महमूदा?

बिट्टू : मेरी एक सहेली है। जब बात करती है तो ऐसा मालूम होता है कि शर्बत के घूँट पी रही है।

शीरीं : शर्बत तुम्हें पसंद है।

बिट्टू : हूँ।

शीरीं : और दूध क्यूँ पसंद नहीं?

बिट्टू : आपको कैसे मालूम मुझे दूध पसंद नहीं?

शीरीं : मुझे तुम्हारे बारे में सब मालूम है।

बिट्टू : हाय अल्लाह!

शीरीं : तुम असल में बहुत शरीर हो।

बिट्टू : जाइए। हम आप से बात नहीं करते।

शीरीं : *(कुछ वक़्फ़े के बाद)* कुछ खाओगी?

बिट्टू : ऊँ हूँ।

शीरीं : रूठ गईं *(बिट्टू ख़ामोश रहती है)* अच्छा एक कहानी सुनोगी।

बिट्टू : *(यकायक बाँछें खिल जातीं हैं)* कहानी?

शीरीं : एक मरतबा मैं चीन गई।

बिट्टू : चीन हाय अल्लाह! अकेली?

शीरीं : नहीं अपनी बहनों के साथ। मंगोलिया के सेहराँ में से हमारा गुज़रना हुआ। टट्टुओं के ऊपर क्या देखती हूँ लोगों ने दूध का सफ़ोफ़ बनाकर उस सफ़ोफ़ की एक बड़ी-सी ईंट बना ली है।

बिट्टू : वह कैसे?

शीरीं : न जाने कैसे!

बिट्टू : किसी को फेंक कर मार दें तो उसका सिर फूट जाए। है न?

शीरीं : और क्या?

बिट्टू : और वैसे दूध फेंकेंगे तो कुछ भी न होगा।

शीरीं : आदमी भीग जाएगा बस।

बिट्टू : हाँ भीग जाएगा।

शीरीं : फिर मैंने क्या देखा कि एक आदमी ने उस ईंट में से एक छोटा-सा टुकड़ा तोड़ कर पानी में डाल दिया और पानी की बोतल को टट्टू की ज़ीन से बाँध दिया।

बिट्टू : क्यूँ?

शीरीं : बस बाँध दिया। बोतल ज़ीन से बँधी रही। जब हम लोग कई मील चल चुके तो खुल गई। बोतल उँड़ेली तो उसमें से सफ़ेद-सफ़ेद गाढ़ा-गाढ़ा दूध निकला। बिल्कुल वही जो रोज शाम को अम्मी तुम्हें देती हैं। और तुम हाथ भी नहीं लगातीं।

बिट्टू : आपको कैसे मालूम?

शीरीं : कह तो दिया मुझे सब मालूम है। हाँ तो लोग वह दूध पीते रहे। सैकड़ों मील का सफर था। महीनों में रास्ता तय हुआ मगर यह दूध की ईंट ख़तम नहीं हुई।

बिट्टू : बोतल को ज़ीन से क्यूँ बाँध दिया था?

शीरीं : टट्टू की चाल तो बड़ी बेढंगी होती है ना! बस हिल-हिल कर दूध का टुकड़ा पानी में घुल गया। इसीलिए बोतल को ज़ीन से बाँध दिया गया था।

बिट्टू : हमारी टीचर कह रही थीं कि बहुत से बच्चे चीन जा रहे हैं। हमारे स्कूल से भी जाएँगे। अगर मैं गई तो टट्टू पर ज़रूर बैठूँगी।

शीरीं : मैं आज की बात थोड़े ही कह रही हूँ पगली मैं तो आज से 600 साल पहले की बात कह रही हूँ।

बिट्टू : हाय अल्लाह तो तुम 600 साल की हो?

शीरीं : बल्कि इससे भी ज्यादा।

बिट्टू : बाज़ी के बराबर दिखती हो।

शीरीं : मैं तो तुम्हारी अम्मी से भी बड़ी हूँ।

बिट्टू : मैं तो अभी छोटी-सी हूँ हैं न?

शीरीं : बहुत छोटी।

बिट्टू : मैं आपके बराबर कब हो जाऊँगी?

शीरीं : जो बच्चे अपने बड़े का अदब नहीं करते उनको बड़े होने का शौक क्यूँ हो?

बिट्टू : मैं तो आपका बहुत अदब करती हूँ।

शीरीं : मगर अपनी अम्मी का तो नहीं करतीं।

बिट्टू : आपको कैसे मालूम?

शीरीं : भला कोई अपनी अम्मी से इस तरह बात करता है? आज शाम तुम उनसे कितनी ज़ोर-ज़ोर से बातें कर रही थीं।

बिट्टू : वो भी तो हाथ धोकर मेरे पीछे पड़ गई थीं।

शीरीं : उन्होंने तो सिर्फ़ इतना कहा था कि सोने से पहले दूध पी लो।

बिट्टू : और मैंने तो बस इतना कहा था कि मुझे दूध ज़हर

लगता है।

शीरीं : अच्छा ठहरो *(बाहर से कुछ मिठाइयाँ लेकर आती है)* लो खाओ खा लो। खाकर तो देखो बड़ी अच्छी मिठाई है। *(अपने हाथ से बिट्टू को मिठाई खिलाती है।)*

बिट्टू : यह मिठाई आपने बनाई है।

शीरीं : पसंद आई?

बिट्टू : बहुत अच्छी बहुत ही अच्छी।

शीरीं : अच्छी कैसे न होगी दूध की बनी हुई है।

बिट्टू : हाय अल्लाह *(मुँह खुला का खुला)* हाथ की मिठाई हाथ ही में रह जाती है।

शीरीं : ज़हर तो खा ही लिया अब उसे भी ज़हरमार कर लो।

बिट्टू : यह दूध की बनी हुई है।

शीरीं : कह तो दिया।

बिट्टू : सच बताइए न ये क्या है, बताइए न? आयँ सचमुच दूध की है बताइए ना?

शीरीं : मैं और कुछ नहीं बताऊँगी। तुम बताओ अच्छी है या बुरी।

बिट्टू : अच्छी तो है।

शीरीं : बस तो फिर खाओ। *(चुमकार कर)* अच्छी बिट्टू *(उसे हाथ से मिठाई खिलाती है)* लो खाओ। एक मरतबा मैं बहुत दूर बहुत लंबे सफर पर गई। सात समंदर पार एक नए और अजीब मुल्क में। वहाँ क्या देखती हूँ कि एक बहुत बड़ा तैरने का हौज़ है उसमें लोग बाल्टी भर-भर कर दूध डाल रहे हैं।

बिट्टू : दूध?

शीरीं : हाँ दूध। जब हौज़ दूध से अच्छा खासा भर गया तो कई आदमी छलाँग लगाकर हौज़ के अंदर कूद गए। और लगे तैरने। अल्लाह बिट्टू ऐसा मंजर कभी देखा ही

नहीं।

बिट्टू : लोग दूध में तैरने लगे?

शीरीं : हाँ लोग तैरते रहे तैरते रहे आखिर सारा दूध मक्खन बन गया।

बिट्टू : क्या बन गया?

शीरीं : मक्खन दूध बिलोने से तो बनता है न? तो बस लोगों के हाथ-पैर मारने से सारा दूध मक्खन बन गया।

बिट्टू : सच?

शीरीं : अल्लाह कसम।

बिट्टू : हाय अल्लाह!

(मिक्खू बेग़म और बी. प्रोटीन सफ़ेद-सफ़ेद खूबसूरत लिबास पहने लिखखिलाती हुई दाखिल होती हैं।)

बी. प्रोटीन : बाज़ी जानती हो ह्वेल मछली का दूध सबसे ताकतवर होता है।

मिक्खू बेग़म : उसकी चर्बी पानी में घुलती ही नहीं।

बी. प्रोटीन : तभी तो ह्वेल के बच्चे दूध पी सकते हैं।

मिक्खू बेग़म : नहीं तो सारा दूध पानी में घुल न जाए।

बी. प्रोटीन : ह्वेल के दूध में सबसे ज्यादा चर्बी होती है।

मिक्खू बेग़म : ख़ानम ने खुद हमसे बताया।

बिट्टू : हाय अल्लाह! ह्वेल मछली दूध देती है?

मिक्खू और प्रोटीन : *(पहली बार बिट्टू पर नज़र पड़ती है)* अरे कौन बिट्टू।

शीरीं : हाँ आज बिट्टू बेग़म हमारे घर तशरीफ़ लाई हैं।

बिट्टू : आप लोग शीरीं बाजी की बहनें हैं न?

बी. प्रोटीन : हाँ बहनें हैं।

बिट्टू : और ये ख़ानम कौन हैं?

मिक्खू बेग़म : हरगिज़ मत बताना।

शीरीं : मिक्खू बिट्टू हमारी मेहमान है। मेहमान से ऐसी बातें करते हैं?

मिक्खू बेग़म : शीरीं बाज़ी हम लोग बिट्टू से नाराज़ हैं।

बिट्टू : मैं जानती हूँ। मैं दूध नहीं पीती हूँ इसीलिए है न?

मिक्खू बेग़म : और क्या?

शीरीं : कैसी हैं ख़ानम?

मिक्खू बेग़म : बहुत मोटी हो गई हैं बाज़ी। अल्लाह ऐसी बुरी लगती हैं। मैंने तो कहा तुम कुछ इलाज करो। घास कम खाया करो नहीं तो कोई आँख उठाकर भी न देखेगा तुम्हारी तरफ़।

बिट्टू : शीरीं बाज़ी यह ख़ानम मेहमूदा की बकरी का नाम है क्या?

शीरीं : बकरी का नहीं एक गधैया का नाम है। गधी का दूध सबसे ज्यादा ताकतवर होता है।

बिट्टू : मगर मेहमूदा तो बकरी का दूध पीती हैं।

शीरीं : बच्चों के लिए सबसे अच्छा गाय का दूध होता है। बकरी के दूध से भी अच्छा।

बिट्टू : और आप लोग कौन हैं?

शीरीं : बहनें हैं।

बिट्टू : नहीं वो थोड़ी पूछ रही हूँ।

शीरीं : फिर?

बिट्टू : *(प्रोटीन की तरफ़ इशारा करके)* इनका क्या नाम है।

शीरीं : प्रोटीन।

बिट्टू : आप लोग दूध हैं क्या?

शीरीं : मैं शक्कर हूँ, मिक्खू बेग़म चर्बी हैं। बी. प्रोटीन, प्रोटीन हैं। और जल्लू आपा पानी।

बिट्टू : जी?

शीरीं : मैं ख़ून पैदा करती हूँ मिक्खू बेग़म चेहरे पर चिकनाई लाती हैं। और बी. प्रोटीन हाथ-पॉव में ताकत और गोलाई।

बिट्टू : अच्छा...

शीरीं : इसीलिए मैं मीठी-मीठी बातें करती हूँ, मिक्खू बेग़म चिकनी-चुपड़ी बातें करती हैं। बी. प्रोटीन की बातों में वज़न होता हैं और जल्लोआपा की बातों में ग़ज़ब की रवानी।

बिट्टू : इस जगह का क्या नाम है?

शीरीं : दूध नगर।

बिट्टू : आप सब हमेशा यहीं रहती हैं।

शीरीं : हम सब दूध में रहते हैं।

बिट्टू : मैं वहाँ आऊँगी तो आप लोग मुझे मिलेंगी।

(बी., जल्लो घबराई हुई दाख़िल होती हैं। आबे खां का लिबास पहने, पानी का साने रंग लिबास मगर शफ्फ़ाफ़ और झलकता हुआ। बालों से पानी की बूँदें टपक रही हैं।)

जल्लो आपा : ग़ज़ब हो गया।

शीरीं : क्या हुआ जल्लो आपा!

जल्लो आपा : बड़े ज़ोर का तूफ़ान आने वाला है।

मिक्खू/प्रोटीन : उई...

शीरीं : या अल्लाह रहम कर।

बिट्टू : हैं जल्लू आपा...

जल्लो आपा : बिट्टू...इस वक़्त मुझसे बात न करो। शीरीं... मिक्खू...प्रोटीन आओ...यहाँ थोड़ी देर बैठ जाएँ *(सब पलंग पर बैठ जाते हैं)* और अबकी झगड़ा करोगी तो मार खाओगी।

मिक्खू बेग़म : *(झुँझलाकर)* ज़रा हटकर बैठो बी. प्रोटीन।

(प्रोटीन रोने लगती हैं।)

जल्लो आपा : फिर तुम लोग लड़ने लगे।

बी. प्रोटीन : मिक्ख़ू बेग़म हमेशा मुझसे तुनककर बात करती हैं।

शीरीं : *(दाँत पीसकर)* या अल्लाह।

जल्लो आपा : तुम्हें बैठे-बैठे क्या हो रहा है।

शीरीं : खुदा का क़हर नाज़िल हो इन दोनों पर।

जल्लो आपा : देखती रहो सभी पर क़हर नाज़िल हुआ जाता है। बद्दुआएँ देने की कोई जरूरत नहीं...शीरीं वाजी को तो जैसे कोसने की आदत हो गई है। एक दिन उनका कोसना लग जाएगा। तूफ़ान आएगा और हम सब बिन मौत मर जाएँगे। कुत्तों की तरह एड़ियाँ रगड़-रगड़कर फिर उनके दिल की मुराद पूरी होगी।

बी. प्रोटीन : और क्या...यही तो ये चाहती हैं।

मिक्खू बेग़म : उफफो...दम घुटा जा रहा है।

जल्लो आपा : घर सिर पर न उठाओ ख़ामोश रहो...और लड़कियाँ किधर हैं।

शीरीं : न जाने कहाँ मर गई हैं।

(चार-पाँच छोटी-छोटी लड़कियाँ दौड़ती हुई अंदर आती हैं। उनके लिबास भी सफेद हैं, मगर दूसरों के मुक़ाबले मामूली)

सब एक साथ : बाजी मुबारक हो, बाजी मुबारक हो...

एक लड़की : बादल छँट गए..तूफ़ान रुक गया...ठंडी-ठंडी हवा चल रही है।

जल्लो आपा : खुदा का लाख-लाख शुकर है।

बिट्टू : *(जो अब तक सहमी हुई खड़ी थी और एक-एक की सूरत तक रही थी।)* आप लोग तूफ़ान से इतना डरती क्यों हैं?

जल्लो आपा : *(सारी झुँझलाहट जाती रही बड़ी शफक्क़त से कहती है।)* बेचारी बिट्टू...तुम भी तो घबराई हुई मालूम होती हो। सबको देखकर मैं भी डर गई थी।

शीरीं : बात ये है कि जब भी तूफ़ान उठता है या बहुत गर्मी

पड़ती है हम लोगों में आपस में फूट हो जाती है। तुमने देखा नहीं...पहले हम सब कैसे शीर और शक्कर थे।

बिट्टू : वही तो मैं सोच रही थी।

शीरीं : बादल की गरज से हमारा दम घुटने लगता है।

मिक्खू बेग़म : बादल की गरज से नहीं बिजली के असर से ख़राबी पैदा होती है।

बी. प्रोटीन : जी नहीं...धूल की वजह से होती है।

जल्लो आपा : न धूल की वजह से होती है। न बादल की वजह से...न बिजली की वजह से, तूफ़ान से पहले...जब जिस ओर गर्मी होती है उससे दूध फट जाता है।

बिट्टू : हाय अल्लाह...तो आप लोग अभी फटने वाले थे क्या?

शीरीं : और क्या...

बिट्टू : तो जब दूध फटने लगता है तो उसके अंदर...बहुत लड़ाई होती है।

शीरीं : हाँ इसीलिए ग़र्मी के दिनों में हम लोगों में अक्सर फूट पड़ जाती है।

बिट्टू : और जाड़ों में।

शीरीं : जाड़ों में हम भी बालाई का मोटा-सा लिहाफ़ ओढ़कर सो रहते हैं।

एक लड़की : बाजी फिर दम घुटा जा रहा है।

बिट्टू. : *(लड़कियों की तरफ़ इशारा करके)* ये लोग कौन हैं?

शीरीं : ये तो कैल्शियम वानो हैं उनसे हड्डियाँ और दाँत मज़बूत होते हैं...बाकी मुख़्तलिफ़ क़िस्म के नमक हैं... ये भी दूध में पाए जाते हैं। और जिस्म के लिए बहुत मुफीद होते हैं।

बी. प्रोटीन : *(बाहर इशारा करके)* वो देखिए...मैं मर जाऊँगी।

बिट्टू : फिर तूफ़ान आने वाला है क्या?

शीरीं : *(बाहर देखकर)* नहीं...तूफ़ान नहीं है...बिट्टू...तुम एक

काम करोगी हमारा...तुम्हारी अम्मी ने मेज़ पर जो दूध का गिलास तुम्हारे लिए रखा था ना...वो खुला छोड़ दिया है...अब सूरज निकल रहा है। और उसकी किरणें सीधी हम लोगों पर पड़ रही हैं। धूप से बी. प्रोटीन की तबीयत फौरन ख़राब हो जाती है और हम लोगों को भी उलझन होती है। तुम जाते ही गिलास को ढाँक देना अच्छा..

बिट्टू : आप लोग मेरे गिलास में हैं क्या।

शीरीं : और कहाँ हैं।

बिट्टू : हाय अल्लाह...और मैं...

शीरीं : तुम भी दूध के गिलास में हो।

बिट्टू : मेरे ऊपर नीचे...चारों तरफ़ दूध ही दूध है। मैं दूध में डूब गई हूँ...

शीरीं : और क्या...

बिट्टू : मगर देखो मैं तो बिल्कुल नहीं भीगी।

शीरीं : भीगोगी कैसे? तुम सचमुच दूध के गिलास में थोड़ी हो तुम तो ख़्वाब देख रही हो।

(जहाँ थे सब...वहीं वे बिना हरकत खड़े हो जाते हैं। आहिस्ता-आहिस्ता रोशनी धीमी हो जाती है। और थोड़ी देर में अँधेरा हो जाता है, घड़ी भर के बाद आहिस्ता-आहिस्ता रोशनी होती है...पहले की रोशनी अगर चाँद की सी थी तो ये निकलते हुए सूरज की पहली तेज़ किरन है जो सीधी दूध के गिलास पर पड़ रही है। दूध का गिलास पलंग के पास मेज़ पर खुला रखा है। पलंग पर बिट्टू सो रही है, कमरे में अब और कोई नज़र नहीं आता...यकायक बिट्टू की आँख खुलती है..नज़र सबसे पहले दूध के गिलास पर पड़ती है...वो पहले तो फौरन गिलास को ढाँक देती है फिर कुछ

सोचकर खोलती है। और गिलास में झाँककर ग़ौर से देखती है, फिर उसके अंदर मुँह डालकर सरगोशी के अंदाज में चुपके से कहती है)

बिट्टू : शीरीं बाजी...जल्लो आपा...मिक्खू बेग़म...बी. प्रोटीन बोलते क्यों नहीं...

(जब कोई जवाब नहीं देता तो ज़रा तातुल के बाद गिलास उठाकर दूध पी जाती है। और पेट पर हाथ फेरते हुए कुछ सोचती है...और मुस्कुराती है)

(पर्दा)